Gina Gerich

Die Geschichte meiner Mutter

story.one – Life is a story

story.one

FSC
www.fsc.org
MIX
Papier aus verantwortungsvollen Quellen
Paper from responsible sources
FSC® C105338

1st edition 2024

Production, design and conception:
story.one publishing - www.story.one
A brand of Storylution GmbH

Font set from Minion Pro, Lato and Merriweather.

ISBN: 978-3-7115-0604-7

Dieses Buch widme ich der stärksten Frau, die ich kenne: Meiner Mutter.

Du hast mir eine Welt eröffnet, die mich fasziniert und berührt.
Nämlich deine Welt und die Welt der Literatur.
Mit viel Freude aber auch mit einigen Tränen haben wir in enger Zusammenarbeit deine Geschichte erzählt.

Ich bin dankbar und stolz Teil dieser besonderen Geschichte zu sein.

Mahal kita.
Deine Tochter Gina

INHALT

Pasig

Am 17. Februar 1959 kam ich in Pasig auf die Welt. Es kann auch etwas früher gewesen sein, das ist nicht ganz klar. Pasig ist zu der Zeit noch eine kleine Stadt in der Nähe der Hauptstadt Manila auf den Philippinen.

Meiner Mutter wählt den Namen Maria für mich. Mein Vater den Namen Aliw.

Ich war ein rebellisches Kind und habe nie verstanden, weshalb man so viele Kinder in die Welt setzt. Meine sieben Geschwister, meine Eltern und ich teilten uns drei Hähnchen zum Mittagessen. Uns ging es gut so weit, wir mussten nicht hungern wie viele andere in der Nachbarschaft. Im Laufe meiner Kindheit bekam ich mit, dass unsere Familie noch viel größer ist. Es klingelten fremde Kinder an der Türe und fragten nach meinem Vater. Mein Vater war kein treuer Mann. Er liebte meine Mutter und war auch mit Ihr verheiratet aber das hatte wohl nicht viel Bedeutung für ihn. Neben meiner Mutter hatte mein Vater noch zwei Frauen, eine mit zwei und eine mit sechs Kindern. Ich habe also noch acht Halbgeschwister.

Wie sich herausstellte, verdanke ich meinen Namen Aliw einer Krankenschwester, mit der mein Vater ein Verhältnis hatte. Diese Aliw verliebte sich in meinen Vater und bot meiner Mutter Geld an, wenn sie sich von ihm scheiden ließe. Dieser Wunsch wurde ihr aber nicht erfüllt.

Mein Vater war Landmesser. Meine Mutter leitete ihren eigenen Metzgereistand im örtlichen Markt und unterstützte meinen Vater beim Verkaufen von Grundstücken und Land.

Meine Mutter war meine beste Freundin. Ich konnte ihr alles erzählen und ich hatte unheimlichen Respekt vor ihr. Vor ihrem Fleiß, ihrer positiven Art und ihrem unglaublich guten Herzen. Ich hatte mir geschworen diese Eigenschaften mir anzueignen aber nicht die aufopfernde Art, die sie gegenüber meinem Vater hatte.

Mit 10 Jahren fing ich an regelmäßig meiner Tante beim Obstverkauf zu helfen. Meiner Oma mütterlicherseits half ich bei Vorbereitungen in der Kantine. Das hieß um 04:00 Uhr aufstehen und Gemüse schneiden. Die Arbeit war sehr anstrengend. Aber ich wollte fleißig sein.

Als ich älter wurde, kam der Traum Krankenschwester zu werden. Mein Vater erlaubte mir das nicht da zu wenig Geld da war. Er meinte zudem das ich als Mädchen sowieso nicht studieren muss da ich mal einen Mann heiraten werde, der mich dann versorgt. Mit diesen Worten konnte ich nicht viel anfangen. Diese Aussage machte mich nur wütend. Ich fühlte dieses Leben einfach nicht und hatte den Drang wegzugehen.

Meine Geschwister litten unter meiner Rebellion und meinem wohl frechen Mundwerk gegenüber meinem Vater. Ich war eigentlich die einzige aus der Familie, die Ärger bekam und auch einmal eine Ohrfeige kassierte.

Ich machte mit 16 meine Highschool fertig. Vergleichbar mit dem Realschulabschluss in Deutschland. Und dann eröffnete sich mir eine große Chance.

Sweet Sound

Meine Mutter verkaufte auf dem Markt ihre frisch geschlachtete Ware als sie von ihrer Standnachbarin mitbekommt, dass Bandmitglieder für eine Girl-Group gesucht werden. Für meine Mutter war klar: Das ist etwas für meine Tochter.

Es musste ein Plan her, denn mein Vater war nicht mit dieser Idee einverstanden. Also fälschte meine Mutter kurzerhand die Unterschrift meines Vaters und ich wurde Mitglied der Band "Sweet Sound".

Verrückt wie mein Leben dann eine Wendung nahm. Ich durfte als erstes Schlagzeug lernen. Nicht mit einem Lehrer, sondern "learning by doing". Nur durch Hören und Ausprobieren. Es funktionierte. Nach 6 Monaten stellte unser Manager mich an die Front wegen "meines süßen Gesichtes". Daraufhin fing ich an E-Bassgitarre zu lernen und durfte singen.

Mit 19 verließ ich meine Heimat.

Der erste Flug stand an. Das erste Mal weg von zu Hause. Ein Gefühl von Freiheit kam auf. Und so startete auch unsere erste Tour. Zielflughafen Guam. Guam ist eine US-amerikanische Insel in Mikronesien. Das Abenteuer meines Lebens begann.

Meine Band wurde zu meiner Familie. Aber wie in jeder Familie gibt es Probleme, vor allem bei fünf jungen Frauen. Unsere Frontsängerin behauptete ich sei schwanger. Ich war zu dem Zeitpunkt noch Jungfrau und total überfordert mit dieser Aussage. Mich nahm das damals mehr mit als mir lieb war. Dennoch versuchte ich einfach weiterzumachen, mich auf die Musik zu konzentrieren und die Freiheit zu genießen die ich gewonnen hatte. Wir waren eine gut gebuchte Coverband und genossen die Beliebtheit bei unseren Fans.

Nach einem halben Jahr Guam, ging es für "Sweet Sound" zurück auf die Philippinen. Allerdings ohne mich. Eine andere Band machte mir in Guam ein Angebot. Um die Sticheleien hinter mir zu lassen, nahm ich das Angebot an und wurde die neue Bassistin bei "The Generation".

Neue Band - neues Glück. Es ging in das große Europa. Holland war unser nächstes Ziel. Genauer gesagt: Amsterdam. Während unseres Auftrittes in einer Diskothek wurde bündelweise Marihuana ausgetauscht und der Champagner floss nur zur Genüge. Man muss sich vorstellen wir standen auf der Bühne und sangen unsere Lieder. Vor uns lachende Männer mit Geldstapeln und Tüten voller grüner Drogen. Ich hatte das erste Mal in meinem Leben Drogen gesehen und ich hatte einfach nur solche Angst das die Situation eskalieren könnte. Wir überlegten sogar nach unserem einmonatigen Vertrag weiterzuziehen aber das Geld war attraktiver und so blieben wir für zwei weitere Monate in Amsterdam. Ich kann mich erinnern, dass man uns eine große Flasche Champagner schenkte und aus Respekt nahmen wir diese Flasche an, auch wenn keiner von uns Alkohol trank. Den kostbaren Inhalt der Flasche leerten wir aus und füllten süße Limo ein, um dann "ordentlich" mit unseren Fans anzustoßen. Trotz dieser fremden Kultur gefiel mir Holland. Die Leute waren so frei und ausgelassen. Es schien so, als wäre dort alles möglich.

ARIS PRODUCTIONS
YAMAHA
THE GENERATION

Und dann kam Deutschland

Das schönste Land für mich in Europa war und ist: Die Schweiz. Die Berge und die Menschen lösten ein Heimatgefühl bei mir aus, das bis heute anhält.

Aber das Leben hatte einen anderen Plan für mich und ein anderes Land vorgesehen. Deutschland.

Dort angekommen zahlte unser Management jedem von uns 1000 deutsche Mark im Monat. Unterkünfte, Instrumente und Transportwege waren inklusive. Unsere eigene Verpflegung, also Essen, Getränke etc. mussten wir selber bezahlen.

Nach zwei Jahren lief unser Vertrag aus und wir entschieden uns unabhängig zu sein und als selbstständige Band durchzustarten. So wurde "The Generation" zu "Lipsticks". Und so startete leider auch Stück für Stück der Untergang unserer Band.

Ein Telegramm erreichte mich mit der Botschaft, dass mein Vater an Lungenkrebs gestorben ist. Ich war traurig und ich hatte durch unseren Kundenvertrag keine Möglichkeit auf die Philippinen zu fliegen, um mich zu verabschieden.

Nach 6 Monaten Selbstständigkeit verließ uns unsere Keyboarderin wegen der Liebe und zog nach Holland. Der Freund unserer Schlagzeugerin organisierte daraufhin einen Ersatz und unterstütze uns finanziell. Es dauerte 3 Monate bis die neue Keyboarderin zu uns aus den Philippinen kam und weitere 6 um als Gruppe zusammenzufinden und neue Stücke einzustudieren. Unser Künstlervisum erlaubte es uns maximal 8 Monate in der Schweiz zu spielen. Ach, es war immer so schön in der Schweiz. Ich zündete eine Kerze in der nächstgelegenen Kirche für meinen Vater an. Beim Verlassen der Kirche lernte ich meine erste richtige Freundin M. kennen.

Nicht einmal ein Jahr später verließ uns dann auch unsere neue Keyboarderin. Wieder wegen der Liebe. Sie zog in die Schweiz. Wir starteten einen letzten Versuch. Die Cousine unserer Schlagzeugerin wurde zu unserem neuen Bandmitglied.

Was soll ich sagen? Es war einfach der Wurm drin und das Feeling und die ganze Atmosphäre waren kaputt. Wir schafften es nicht uns einig zu werden und eine klare Linie zu fahren. Und so endete nach 5 Jahren meine Musikkarriere.

Ich ging unerlaubterweise in die Schweiz zu meiner Freundin M. Es musste ein neuer Plan her. M. schlug vor einen Mann für mich zu suchen. Ich wollte aber nicht so richtig.

Ein Anruf aus Deutschland kam. Ein weiblicher Fan namens Y. wollte mir helfen und berichtete, dass in ihrer Firma, nennen wir sie mal Telex, Leute gesucht werden und dort auch schon viele Ausländer arbeiten. Das Problem war nur, ich hätte zwar eine Arbeitserlaubnis bekommen aber keine Aufenthaltsgenehmigung. Ich war kurz davor wieder zurück auf die Philippinen zu fliegen. Dann ein weiterer Anruf aus Deutschland. Der Cousin von Y. schlug mir einen Freundschaftsdeal vor. Er (C.) bot mir an ihn zu heiraten damit ich in Deutschland bleiben kann.

Die Wahrheit

Ich habe „JA“ gesagt. Ja zu einer Heirat aus Freundschaft. Doch C. verliebte sich in mich. Er tat wirklich alles dafür damit auch ich mich verliebte.

Ein großer Liebesbeweis: Er sorgte dafür, dass meine Mutter nach Deutschland kam und mich besuchen konnte. Es war so schön sie zu sehen und bei mir zu haben. Meine Mutter kam in den Genuss das erste Mal Schnee zu sehen und diese neue Welt, in der ich lebte kennenzulernen. Nachdem sie mehrere Tage neben mir im Bett geschlafen hatte, wunderte sie sich dann schon irgendwann weshalb ich denn nicht mein Bett mit meinem Mann teilte. Ich erzählte ihr von meinem Deal und meine Mutter war schockiert. Sie hatte gedacht und sich auch gewünscht, dass ich aus Liebe geheiratet hätte und war enttäuscht von mir. Sie bat mich darum wieder nach Hause auf die Philippinen zu kommen. Das wollte ich aber nicht. Ich wollte in Deutschland bleiben. Also flog meine Mutter wieder zurück. Ohne mich.

Es war nicht leicht die Beziehung mit C. zu beenden. Er versteckte die Briefe, die mir meine Mutter schrieb und dachte wohl, dass sich mit dieser Aktion irgendetwas an meinen Gefühlen ändern würde. Nach 1,5 Jahren trennte ich mich dann von ihm und zog in eine 1-Zimmerwohnung in der Stadt Heilbronn am Neckar. Meine Mitbewohnerin war meine Katze Beauty. Mein neuer Arbeitgeber: Ein Casino und McDonalds. Meinen Job bei McDonalds verdankte ich meinen Sprachkenntnissen in Englisch. Damals gab es noch die amerikanische Kaserne in Heilbronn und die Soldaten waren Dauerbesucher bei uns. Fast alle philippinischen Frauen, die ich in Heilbronn kennengelernt habe, haben eine Zeit lang bei McDonalds gearbeitet. So war es nicht schwer Anschluss zu finden zu Gleichgesinnten. Es war allerdings nicht leicht für mich mit dieser völlig anderen Mentalität klarzukommen. Ich weiß noch wie oft ich weinen musste, als ich beobachtete wie Menschen Essen wegwarfen. Ich bin in einem Land aufgewachsen, indem Nahrung keine Selbstverständlichkeit ist und das zu beobachten lässt mein Herz immer noch bluten.

Um Deutsch zu lernen, besuche ich die Volkshochschule. Mein Deutsch ist nicht besonders gut aber ich komme klar. Und so wird Heilbronn Stück für Stück zu meinem zu Hause. Durch meine offene Art war ich nie alleine und das Arbeiten macht mir unglaublich viel Spaß. Ich hatte eine Aufgabe, die mir Unabhängigkeit ermöglichte und das gab mir Motivation.

Die philippinischen Frauen in meinem Umfeld gaben mir Halt. Es war schön zusammen zu kochen, sich auszutauschen und eine Gemeinschaft zu sein. So lernte ich auch meine nächste Freundin A. kennen. Sie ist ganz anders als ich. Eine wilde Person voller Neugier und Leidenschaft. Ihr verdanke ich auch meinen ersten Alkoholrausch. Das erste Mal Party, das erste Mal Alkohol, das erste Mal Wein auf dem Heilbronner Weindorf. Wir hatten unglaublich viel Spaß. Wir lachten und tanzten. Bis ich dann anfing, zu heulen, weil der Alkohol meine Emotionen herauskitzelte und meine Sehnsucht nach den Philippinen. A. war so überfordert mit mir, dass sie dann erst einmal keinen Alkohol mehr mit mir trinken wollte.

Liebe

1987: Ich verbrachte viel Zeit mit A. Sie nahm mich überall mit. Das nächste Event, ein Geburtstag zudem ich nicht eingeladen war. Aber A. meinte, das sei egal, ich sollte einfach mitkommen. Also gut. So feierten wir den 30. Geburtstag von Aha. Eine kleine Party mit Übernachtung.

Ich verstand mich sehr gut mit Aha und es entwickelte sich eine Freundschaft. Ich half ihm unter anderem eine enge Brieffreundschaft zu einer Philippina in Amerika zu pflegen. Dort verbrachte er dann auch 3 Monate. Er lernte Englisch auf einer Schule in L.A. Nach seiner Rückkehr holte er mich regelmäßig nach der Arbeit ab und wir verbrachten viel Zeit miteinander.

Nach 1 Jahr verliebten wir uns.

Die Mutter von Aha war recht skeptisch gegenüber unserer Beziehung. Eine Frau mit einer völlig anderen Mentalität sagte ihr nicht so zu.

Ich erinnere mich wie sie zu mir sagte: „Geh da hin, wo der Pfeffer wächst.“ Damals verstand ich diese Worte noch nicht.

Meinen weiteren Aufenthalt in Deutschland verdanke ich zunächst dem Juniorchef des Heilbronner McDonalds. Er beantragte regelmäßig eine sogenannte Duldung (Aufenthaltsrecht) für mich und wollte mich auch als Mitarbeiterin nicht verlieren. Doch leider reichte das irgendwann nicht mehr aus. Ich hatte zwei Möglichkeiten entweder heiraten oder zurück auf die Philippinen.

Aha wollte nicht heiraten und so trennten wir uns. Die Trennung war für uns beide ok und wir trennten uns auch nicht im Bösen. Aha gab mir das Versprechen zu helfen, wenn ich etwas bräuchte.

Kurze Zeit später fand ich einen super bezahlten Job in einem Casino in Tammerfeld, 35 km von Heilbronn entfernt. Dieser Arbeitgeber ermöglichte mir eine Arbeitserlaubnis und eine Aufenthaltserlaubnis. Was für ein Glück. Mir ging es sehr gut in dieser Zeit.

Irgendwann schlich sich das Abholen von der Arbeit durch Aha wieder ein und wir starteten einen zweiten Versuch. Ein halbes Jahr später war ich schwanger. Damals dachte ich, dass ich keine Kinder bekommen kann, weil naja es immer ohne Verhütung „gut" ging.

Aha, der nicht heiraten wollte, wollte auch kein Kind.

Eine herausfordernde Zeit stand an. Ich machte einen Termin beim Frauenarzt Dr. B. Wir sprachen über Abtreibung und meine Situation. Abtreibung war zu dieser Zeit verboten in Deutschland. Ich hätte einen Eingriff in Holland wahrnehmen können. Dr. B. legte mir ans Herz, gut zu überlegen, ob eine Abtreibung überhaupt infrage kommt. Mir sollte bewusst sein, das die Gefahr bestehe keine Kinder mehr bekommen zu können und das viele Frauen deswegen leiden. Ein Kind sei ein Gottesgeschenk. Ich bin Dr. B. so dankbar für unser offenes Gespräch.

Da war ich nun mit meinem Wunder im Bauch und für mich war klar, jetzt gehe ich zurück auf die Philippinen.

SG1918
SG1918

Philippinen

Die große Reise stand an.

Ich verabschiedete mich von dem Leben in Heilbronn. Kündigte meinen Job und umarmte die Menschen die mich bis dato begleiteten. Das Umarmen fiel schwer. Ich war schon traurig. Ich war bereits im 4. Monat schwanger und hatte meinen Entschluss gefasst.

Aha wollte mich nicht alleine reisen lassen und begleitete mich auf die Philippinen. Wir waren insgesamt 30 Stunden unterwegs. Oh ja, es war anstrengend und ich war froh nicht alleine zu sein.

Eine heiße Wolke flog uns entgegen als wir aus dem Flughafen in Manila liefen. Nach 1 Stunde Fahrzeit waren wir am Ziel. Meine Mutter begrüßte mich mit ihrer Liebe und Freude. Wir wurden typisch philippinisch empfangen. Das bedeutet sehr viele Menschen, die sich über deine Ankunft freuen. Das sind zum einen natürlich die Familie und zum anderen Freunde der Familie und Nachbarn. Ganz wichtig: Essen! Es gab eine Auswahl an landestypischen Leckereien. Eine große Schüssel Reis ist immer die Basis. Dann gibt es Gerichte mit Hähnchen, Fisch, manchmal auch noch Rind und Schwein, viel Gemüse mit Soße und natürlich Süßspeisen. Die Präsentation des Essens wird zusätzlich liebevoll mit Deko unterstützt.

Wir verbrachten insgesamt 3 Wochen auf den Philippinen. In dieser Zeit lernte Aha meine Familie kennen und auch das Leben dort. Die ärmlichen Verhältnisse erschrecken ihn und geben ihm zu denken. Das war eindeutig.

Ich erinnere mich, dass wir die meiste Zeit mit meiner Mutter und meinem jüngsten Bruder Ding verbrachten. Ding ist mein Liebling. Auch er hat ein großes Herz und meine Mutter verdeutlichte immer wieder, dass wir immer auf ihn achten sollen. Er ist taubstumm und engagierte sich zu der Zeit schon sehr aktiv für taubstumme Menschen.

Als so allmählich die 3 Wochen vorüber waren, bin ich doch schon sehr hin - und hergerissen. Einerseits wollte ich auf den Philippinen bleiben und im Umfeld meiner Familie sein. Andererseits wollte ich mein Kind nicht ohne Vater aufwachsen lassen. Und es war Liebe da. Aha und ich liebten uns.

Wir entschieden gemeinsam zurückfliegen. Und dann wurde alles märchenhaft und wunderschön.

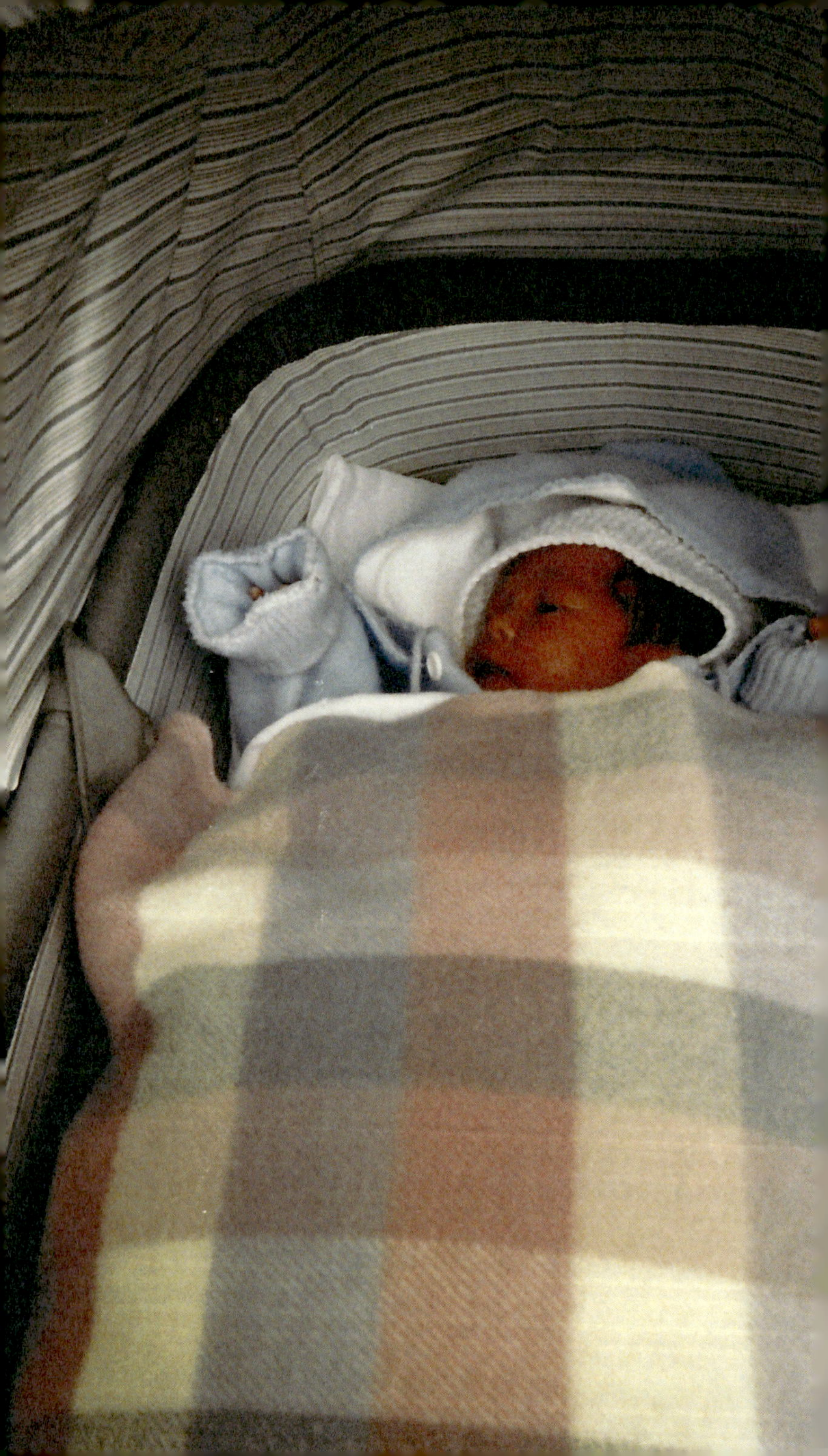

Heilbronn

Aha und ich heirateten am 3. März 1989 im Heilbronner Rathaus.

Und gut einen Monat später kam dann unser gemeinsames Glück auf die Welt. Gina.

Wir lebten im Elternhaus von Aha. In der oberen Wohnung lebte seine Mutter und wir lebten in der unteren Wohnung. Es herrschte eine harmonische Atmosphäre im ganzen Haus und das Glück schien unendlich.

Diese wundervolle Zeit ist mir noch so präsent. Das erste Babybaden, der innerliche Stolz und das Stillen. Ich habe es so geliebt zu stillen. Ich empfinde Gina als ein ausgelassenes und glückliches Baby. Wir lieben sie. Wir lieben sie so sehr.

Ein halbes Jahr später erkrankt Ahas Mutter an Knochenkrebs. Wir pflegen sie bis zu ihrem Tod, der relativ schnell nach der Erkrankung folgte.

Zwei Jahre später stirbt auch meine geliebte Mutter an Diabetes. In diesem Jahr ist Gina 2,5 Jahre alt. Sie erzählt mir von einem Traum. Ich zitiere: "Mama, die Lola hat mir eine rote Blume gegeben." Ich musste weinen. Lola bedeutet Oma auf philippinisch. Dieses Ereignis war unheimlich und gleichzeitig auch so schön. Ich weiß wie sehr sich meine Mutter gewünscht hatte, Gina kennenzulernen.

Die dunkle Stimmung wurde erhellt. Sonnenschein. Mein Bruder Ding kam nach Deutschland und war für 3 Monate unser Gast. Ich genoss seine Anwesenheit. Und Gina überhaupt nicht. Sie war so eifersüchtig auf Ding. Wenn wir uns auf Gebärdensprache unterhielten, bekam Gina einen Zorn. Wenn ich ihm eine kleine Aufmerksamkeit schenkte, bekam Gina einen Zorn. Wenn ich ihn umarmte, bekam Gina einen Zorn. Sie musste sich an die Situation gewöhnen dass da noch jemand anderes war, der meine Aufmerksamkeit bekam. Wenn ich jetzt so darüber nachdenke, könnte es auch sein, dass die Kommunikationsweise zwischen Ding und mir sie verunsicherte, weil sie nicht verstand wie wir uns unterhielten.

Es war auch urkomisch zwischendurch, wenn sich ihr kleines süßes Gesicht verzog. Ich war froh, dass mein Bruder diese Geschichte so gelassen sah. Nach einer gewissen Zeit ging der Zorn dann auch vorüber.

Aha organisierte, dass Ding in Kontakt mit anderen Taubstummen kam und ich freute mich, dass er viele nette Bekanntschaften machte. Ich spürte wie dankbar mein Bruder uns war und er fühlte sich sehr wohl. Leider konnten wir ihm keine Möglichkeit schaffen bei uns zu bleiben. Der Abschied war schwer.

Kapitel 8

Dieses Kapitel ist schwer zu schreiben und voller Fragen.

Beginnen wir mit Eifersucht, Schweigen und Traurigkeit.

Ich weiß nicht so richtig, warum es so weit kam aber nach 4 Jahren Ehe wurde es dunkel.

War ich nur noch Hausfrau und Mutter? Habe ich mich zu wenig um Aha gekümmert?

War ich zu eifersüchtig? Gab ich Aha zu wenig Freiraum?

War Aha vielleicht nur noch mit der Arbeit beschäftigt?

Wann verschwand die Liebe?

Aha hatte Probleme im Rücken und besuchte regelmäßig eine Praxis für Physiotherapie. Dort lernte er die andere Frau kennen. Es folgt die schlimmste Zeit in meinem Leben. Was ich fühlte? Unsicherheit, Verzweiflung, Misstrauen und Wut.

Meine Welt ist über mir zusammengebrochen.

Es war ein verregneter Septembertag als ich Gina vom Kindergarten abholte. Ich nahm das Auto. Voller Gedanken rammte ich 4 Autos beim Ausparken und neben mir mein kleines Kind. Ich stand unter Schock. Und diese Szene lief ab wie in einem Film. Gott sei Dank wurde niemand verletzt. Nur mein Herz war gebrochen.

Wir haben noch ein halbes Jahr zusammen gewohnt bis ich mit Gina auszog. Ich war so traurig und gleichzeitig so wütend. Ich war so wütend, dass ich das Auto von Aha zerkratzte.

Ich hatte 3 verschiedene Scheidungsanwälte, weil ich nicht hart bleiben und den Anweisungen des Anwaltes folgen konnte. "Wollen sie sich scheiden lassen oder nicht...?" Ich wollte nicht wahrhaben, dass es vorbei war. Die Gerichtstermine während der Scheidung waren schrecklich. Wir haben uns viel Böses an den Kopf geworfen. Ich wollte das alleinige Sorgerecht und mit Gina auf die Philippinen gehen. Aha wollte das gemeinsame Sorgerecht. Ein Kampf der über 2 Jahre ging.

Während dieses Kampfes beantragte ich heimlich mit dem deutschen Pass von Aha meinen eigenen deutschen Pass, weil ich Angst hatte Deutschland verlassen zu müssen. Im Nachhinein war das eine unnötige Angst und ich hätte Deutschland nicht verlassen müssen. So tauschte ich meinen philippinischen Pass gegen den deutschen Pass ein und verlor ein Stück Identität. Ich war sehr durcheinander in dieser Zeit.

Die Scheidung war durch und wir hatten das gemeinsame Sorgerecht. Aha organisierte eine gute Wohnung für Gina und mich. So langsam konnte ich mich an die neue Lebenssituation gewöhnen und akzeptieren was passiert war.

Neuanfang

Es wurde Zeit für eine neue Arbeit und wieder auf eigenen Beinen zu stehen. Das Arbeitsamt ermöglichte mir eine zehnmonatige Schulung als Einzelhandelskauffrau. Ich fing an in der Kinderabteilung eines renommierten Bekleidungsgeschäftes zu arbeiten. Später ging ich in die Abteilung für Damenmode.

Alle zwei Wochen kam Gina zu Ihrem Vater. Wir hatten ein gutes Verhältnis und sorgten dafür, dass es Gina an nichts fehlte.

Immer wieder singe ich für Gina und mich. Es sind englische und philippinische Lieder. Die Wochenenden ohne Kind verbrachte ich mit meiner wilden A. und drei weiteren Freundinnen um tanzen zu gehen.

An einem Abend lernte ich T. kennen. Er sprach mich auf Englisch an, weswegen ich dachte, er sei Engländer und er dachte, ich sei eine Studentin aus dem Ausland. Als eine dritte Person zu unserem Gespräch stößt und T. mir die deutschen Worte auf Englisch übersetzt, wechselten wir zur Landessprache. Es folgten viele Treffen und Besuche. T. gab Vollgas und umgarnte mich mit seiner Großzügigkeit. Wir wurden ein Paar.

Nach 2 Jahren bekam ich einen Antrag von ihm. Ich sagte: "Nein". Die Scheidung mit Aha war noch nicht verarbeitet und ich wollte diesen Schmerz und eine mögliche Tortur nicht mehr riskieren. Ein halbes Jahr später der zweite Antrag. T. unterbreitete mir ein Ultimatum. Entweder heiraten oder Trennung. Ich war überfordert und überlegte lange. Ich liebte T. und wir wollten ein gemeinsames Kind. Das Heiraten war mir einfach nicht mehr wichtig aber ihm schon. Die Liebe zu ihm siegte und ich sagte: "Ja".

Wir hatten unsere standesamtliche Hochzeit in Heilbronn im kleinen Kreis von 10 Leuten. Dann ging es für 3 Wochen in meine Heimat. Wir feierten ein großes philippinisches Hochzeitsfest im Garten meines Onkels. Mit weißen Tauben, großer Hochzeitstorte, Blumenmädchen, Livemusik, traditionellem Essen und insgesamt 100 Gästen. Es war ein wunderschöner Tag und T. hatte Freudentränen in den Augen.

Nach einem Jahr wurde ich schwanger. Ich bekam bereits nach dem 6. Monat einen riesengroßen Bauch. Der Großteil meines Körpers bestand wirklich nur noch aus Bauch. Es war eine beschwerliche Schwangerschaft. Ich freute mich auf mein zweites Wunder.

1999 kam mein zweites Glück auf die Welt. J.

Gina war so stolz als sie ihren Bruder auf dem Arm hielt. Umso schwerer war es für mich als sie sich mit ihren 10 Jahren entschied zu ihrem Vater zu ziehen. Ihre Worte waren ungefähr: "Mama, du musst mich gehen lassen. Du bist jetzt verheiratet und hast noch ein Kind. Aber Papa ist alleine."

Ich ließ sie natürlich gehen aber insgeheim hoffte ich, dass sie wieder nach ein paar Wochen zu mir zurückkehrt. Das traf aber nicht ein.

Die Täuschung

Gina ging und das Leben wurde schwerer. T. zeigte nun eine Seite von sich, die ich nicht kannte.

Ich weiß noch als ich für Ginas Geburtstag einen Kuchen backte. Aha lud uns zum Kaffee ein. Wir fuhren zu dritt mit dem Auto los und T. parkte vor Ahas Haus. Er gab mir 20 Minuten, um den Kuchen abzugeben.

Seine Eifersucht war unser Hauptstreitthema. Der Kontakt zu meinem eigenen Kind wurde dadurch eingeschränkt. T. kam nicht damit klar, dass ich Kontakt zu Aha hatte. Er kam nicht damit klar, dass ich mit meinen Freundinnen ausgehen wollte. Eine von vielen Geschichten: Eine Freundin plante eine Überraschungsparty die um 00:00 Uhr starten sollte. Ich plante ein nicht allzu spät zu Hause zu sein. Kurz nach 2 kam auch schon der erste Kontrollanruf. Ich, die dem Streit aus dem Weg gehen wollte, ging zum Frust und Unverständnis meiner Freundinnen brav nach Hause.

Ich ließ mir all meine Freiheiten wegnehmen wegen der Unsicherheit eines Mannes. Natürlich hielt ich das nicht ewig aus und irgendwann flüchtete ich mit J. für eine Nacht in ein Hotel. J. war damals 3 Jahre alt. Am nächsten Tag stellte ich T. zur Rede und sagte ihm, dass ich so nicht mehr weiter machen könne und das nicht meine Art zu leben sei.

T. drohte sich umzubringen, wenn ich ihn verlassen würde. Und so blieb ich aus Angst mit diesem Mann zusammen. Aus Angst, dass er sich etwas antut. Aus Angst, dass mein Kind ohne Vater aufwächst. Aus Angst, wieder alleine zu sein. Aus Angst, wieder die gleiche miese Geschichte durchmachen zu müssen.

T. lebte nicht besonders gesund. Er rauchte zwei Schachteln am Tag und seine Schlafprobleme, die er unter anderem durch seine Geschäftsreisen hatte, löste er mit starken Schlafmitteln. Er spürte wie unglücklich ich war.

Nach seiner Türkeireise kam T. mit Windpocken zurück. Entgegen der Empfehlung des Arztes damit ins Krankenhaus zu gehen und auch dort zu bleiben, entschied er sich für eine

Selbstentlassung und ging nach Hause. Nach 10 Tagen verschwanden die Windpocken und T. wollte zurück in die Arbeit gehen. Er übergab sich und hatte Durchfall. Ich vermutete eine Magen-Darm-Erkrankung. Am Abend gingen wir gemeinsam ins Bett. Er konnte nicht schlafen und ich fragte ihn, ob ich den Notruf anrufen sollte, weil ich das Gefühl hatte das wäre eine gute Idee. Er verneinte. Nach ein paar Minuten gingen wir in die Küche und ich machte ihm einen Kamillentee. Nachdem T. leer getrunken hatte, schlief er auf dem Stuhl ein. Ich versuchte ihn zu wecken aber er wachte nicht auf. Ich bekam Panik, klingelte bei unserem Nachbar im Haus und wir riefen gemeinsam den Notarzt an. Ich weiß nicht mehr wann der Notarzt da war. Es folgte ein Wiederbelebungsversuch im Hausflur. T. öffnete kurz die Augen und schaute in meine Richtung. Dann folgte ein Schnitt in den Hals. Hilflos stand ich nebendran und konnte nichts tun. Der Notarzt nimmt T. mit ins Krankenhaus.

Mit 35 Jahren starb T. aufgrund eines Herzinfarktes.

Rückblick

Wenn ich zurückblicke, wusste ich, dass T. bereits in unserem zu Hause gestorben war. Ich wollte mich noch im Leichenschauhaus von ihm verabschieden aber seine Eltern wollten das nicht. Ich akzeptierte ihren Wunsch.

Es ist schwierig seinem 5-jährigen Kind beizubringen, dass der Papa gestorben ist. J. fragte täglich nach seinem Vater und dass er ihn doch bitte sehen möchte. Ich habe mich wie ohnmächtig gefühlt. Ich kann auch nicht mehr sagen, wer kurz nach T.'s Tod alles mit mir gesprochen hat, geschweige denn was.

Wenn du jemanden verlierst, gibt man dir nicht viel Zeit bis du dich um organisatorische Dinge kümmern musst. Meine Hoffnung war, dass die Hinterbliebenen zusammen halten und man gemeinsam Lösungen findet. Meine Schwiegereltern waren am Boden zerstört. Seinem eigenen Kind ins Grab zu schauen ist wahrscheinlich das Schrecklichste, was es gibt. Es gab Streitigkeiten bezüglich der Lebensversicherung von

T. Ich bekam Druck, dass ich sein Auto verkaufen soll. Irgendwann ging es nur noch um Geld und man behandelte mich wie eine Fremde. Wir konnten uns nicht einig werden und so verloren wir den Kontakt zu Oma und Opa.

Ich sagte zu mir selber immer wieder: "Du musst stark sein! Ich habe ein kleines Kind, das mich braucht. Du schaffst das! Wenn andere das können, schaffst du das zweimal."

Es gelang mir die Trauer etwas bei Seite zu schieben und ich versuchte zumindest ein paar klare Gedanken zu fassen. Ein klarer Gedanke, den ich damals hatte, war, dass ich eine kleine Wohnung kaufen möchte in der ich mit J. leben konnte. Dafür nutzte ich das Geld der Lebensversicherung. Nach ca. 2 Jahren schob sich die Trauer wieder so in den Vordergrund und ich merkte, es geht nicht mehr. Mein Hausarzt verschrieb mir eine Mutter-Kind-Kur zur Trauerbewältigung. Ich lernte in der Kur zwei Menschen kennen, die ebenfalls ein schweres Schicksal erleiden mussten. Es gab mir Kraft, nicht der einzige Mensch zu sein, dem es schlecht ging. So fühlte es sich nämlich manchmal an.

Der größte Halt war immer der Gedanke, dass ich zwei Kinder habe, für die ich da sein möchte.

Die Kur half mir und dann nahm ich auch die Hilfe meiner Umgebung an bzw. ich konnte diese nun realisieren. Eine große Stütze war die Kirche bzw. mein Pfarrer. Hier fühlte ich mich gut aufgehoben. Eine weitere Stütze war meine Freundin M., die J. und mich für mehrere Tage in die Schweiz einlud, um etwas durchzuatmen. Die nächste Stütze der Chef meines verstorbenen Mannes. Er bot mir einen Job an in der Firma Telex, die mir schon ein Begriff war. (Kapitel 3 "Und dann kam Deutschland".) Zusätzlich nahm ich noch einen Nebenjob an. Die Arbeit tat gut.

Etwas Licht am Ende des Tunnels.

Heute (2024)

Ich würde gerne schreiben, dass es sonst keine schweren Schicksalsschläge mehr in meinem Leben gab. Aber das wäre gelogen und so ist das Leben nun einmal nicht.

Nun bin ich 65 Jahre alt.

Drei meiner sieben Geschwister sind bereits gestorben und der Tod meiner Schwester auf den Philippinen nagt noch sehr schwer an mir. Die herzensgute Patentante von meinem Sohn, die Cousine meiner Schwiegermutter, die sich gegen ihre eigene Familie lehnte um zu uns zu halten, weilt nicht mehr unter uns. Der Patenonkel von J. starb unerwartet bei einem Fahrradunfall. Meiner ältesten Schwester, die vor 30 Jahren nach Italien auswanderte, geht es momentan gesundheitlich sehr schlecht. Ich versuche ihr den Wunsch zu erfüllen auf die Philippinen zurückzukehren damit sie dort sterben kann.

Der Tod gehört zum Leben und die Sorgen haben kein Ende. Es liegt an einem selber wie man damit umgeht. Es gibt immer Möglichkeiten sich selber zu helfen und es gibt auch immer die Möglichkeit sich Hilfe zu suchen. Es ist wichtig nicht aufzugeben und versuchen positiv zu denken. Ich frage mich immer noch wie viel man aushalten muss und woher man manchmal die Kraft nehmen soll. Aber es geht immer weiter.

Alle 2 Jahre fliege ich auf die Philippinen, um meine Familie zu sehen und meinen Bruder Ding zu unterstützen.

Aha und ich haben ein gutes Verhältnis zueinander. Wir feiern gemeinsam mit J. und Gina unsere Geburtstage, Ostern und Weihnachten. Es ist immer eine schöne Zeit und wir sind froh, dass wir uns haben.

Mein Sohn J. hat sein Bachelorstudium erfolgreich abgeschlossen und hat ein so sympathisches und freundliches Auftreten. Ich bin sehr stolz auf ihn. Meine Tochter ist seit 10 Jahren selbstständig und sie hat mir den großen Wunsch erfüllt mit diesem Buch meine Geschichte zu erzählen.

Mein größtes Glück sind meine Kinder.

Ich wünsche mir, dass ich noch lange auf dieser Welt bleiben kann, um mit ihnen viele schöne Erlebnisse zu teilen.

Und wer weiß, vielleicht erzähle ich noch die ein oder andere Geschichte.

GINA GERICH

Gina Gerich ist seit 2014 selbstständige Dekorateurin und Fotografin.
Neben Tanzen, Fotografie und Videografie ist das Reisen ihre große Leidenschaft.
Sie liebt es kreativ zu sein und neue Dinge auszuprobieren. Durch ihre offene Art und Empathie erlebt sie intensive Begegnungen und Abenteuer.
"Wenn du deine eigenen Worte und Texte niederschreibst passiert etwas Magisches. Ich möchte Geschichten erzählen zu denen ich einen Bezug habe, die ich erlebe und durchlebt habe."